Michael Maurus

Das kleine Wunder
und der grummelige Groll

Michael Maurus

DAS KLEINE WUNDER UND DER GRUMMELIGE GROLL

Das Zaubermensch-Geschenkbüchlein mit 53 Sprüchen

 WunderwerkManufaktur

Erste Auflage
© dieser Auflage 2025 by Wunderwerkmanufaktur
Michael Maurus,
Meißener Str. 30,
90522 Oberasbach

Kia Kahawa Verlagsdienstleistungen
Korrektorat: Daten-Design Kirch, Marion Kirch
Illustrationen: Malte Knaack, freepik
Buchsatz und Coverdesign: Malte Knaack
www.kahawa.de

Bestellung und Vertrieb: Nova MD GmbH, Vachendorf

Herstellung: CPI books GmbH, Leck
Printed in Germany

ISBN: 978-3-690284-06-6

Danke!

Ein Buch entsteht nicht im luftleeren Raum. Es ist wie ein kleines Wunder, das wachsen darf, weil es von liebevollen Gedanken, warmen Herzen und helfenden Händen begleitet wird.

Mein tiefster Dank gilt all jenen, die mich auf diesem Weg inspiriert, ermutigt und bestärkt haben. Den Zaubermenschen in meinem Leben, Freunden, Familie und Weggefährten, die mit offenen Herzen, aufmerksamen Gedanken und bestärkenden Worten an meiner Seite stehen. Eure Unterstützung, euer Vertrauen und eure liebevolle Art haben dieses Büchlein mitgeschrieben.

Ein besonderer Dank gilt all jenen, die an Wunder glauben, an Geschichten, die das Herz berühren, und an die Magie, die in den kleinsten Momenten verborgen liegt. Ihr seid der Grund, warum dieses Büchlein seinen Weg in die Welt findet.

Vorwort

Manchmal spricht das Leben in zwei Stimmen. Eine staunt und zaubert, die andere grummelt und zweifelt. Das kleine Wunder und der grummelige Groll sind wie Tag und Nacht, gegensätzlich und doch unzertrennlich.

Dieses Buch lädt dich ein, beide Seiten mit einem liebevollen Blick zu betrachten. In den 53 zauberhaften Sprüchen verstecken sich kleine Gedankenfunken, die zeigen, dass selbst ein mürrischer Groll ein bisschen Zauber in sich tragen kann, wenn man genau hinsieht. Das kleine Wunder steckt in uns allen. Es sitzt auf Nasenspitzen, tanzt auf Knollnasen und flüstert in dunklen Momenten:
„Hey, ich bin da!"

Die Idee zu diesem Büchlein entstand aus der Marke Zaubermensch, die ich vor über zehn Jahren gegründet habe. Schon damals wollte ich inspirierende und zauberhafte Sprüche in die Welt tragen. So entstand die Geschichte von

Wunder und Groll – eine kleine Metapher für das große Leben.
Es gibt Licht und Schatten, Leichtigkeit und Schwere, Staunen und Zweifeln. Doch manchmal genügt ein neuer Blickwinkel, um das Wunder im Groll zu finden und den Groll im Wunder zu begreifen.

Möge dieses kleine Büchlein ein treuer Begleiter für alle sein, die das Staunen und Zaubern nicht verlernt haben oder es wiederfinden möchten.

Michael Maurus

Meinem Bruder Peter
und allen anderen Menschen,
die noch an Wunder glauben.

Auf der Suche nach dem
großen Glück stolperte
der grummelige Groll
ahnungslos über seinen
eigenen Schatten

„Es gibt keine Wunder", grummelte der Groll vor sich hin. Das kleine Wunder saß auf seiner großen Nase und streichelte den Groll mit den Worten: „Manchmal sind sie so nah, dass man sie kaum sehen kann."

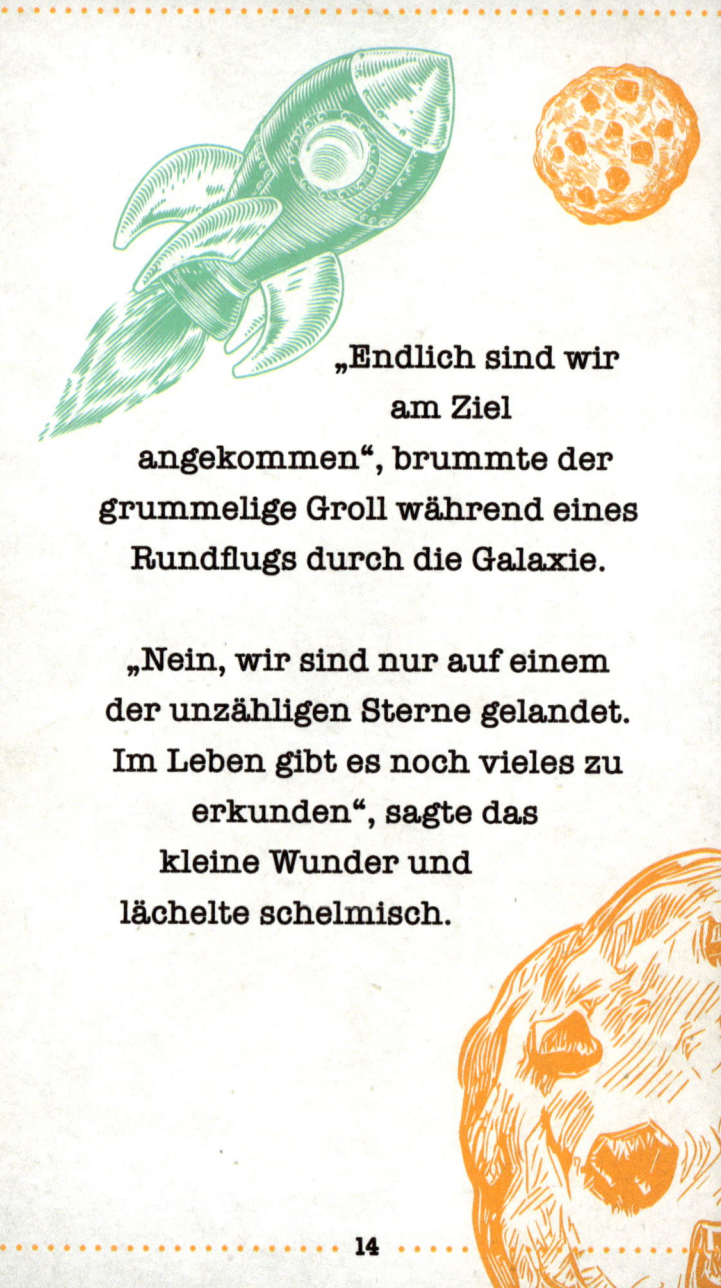

„Endlich sind wir
am Ziel
angekommen", brummte der
grummelige Groll während eines
Rundflugs durch die Galaxie.

„Nein, wir sind nur auf einem
der unzähligen Sterne gelandet.
Im Leben gibt es noch vieles zu
erkunden", sagte das
kleine Wunder und
lächelte schelmisch.

„Ein Nickerchen kann
mindestens so wertvoll sein
wie ein Keks", sagte das kleine
Wunder zum grummeligen Groll
und schlief unmittelbar auf
seiner Schulter ein.

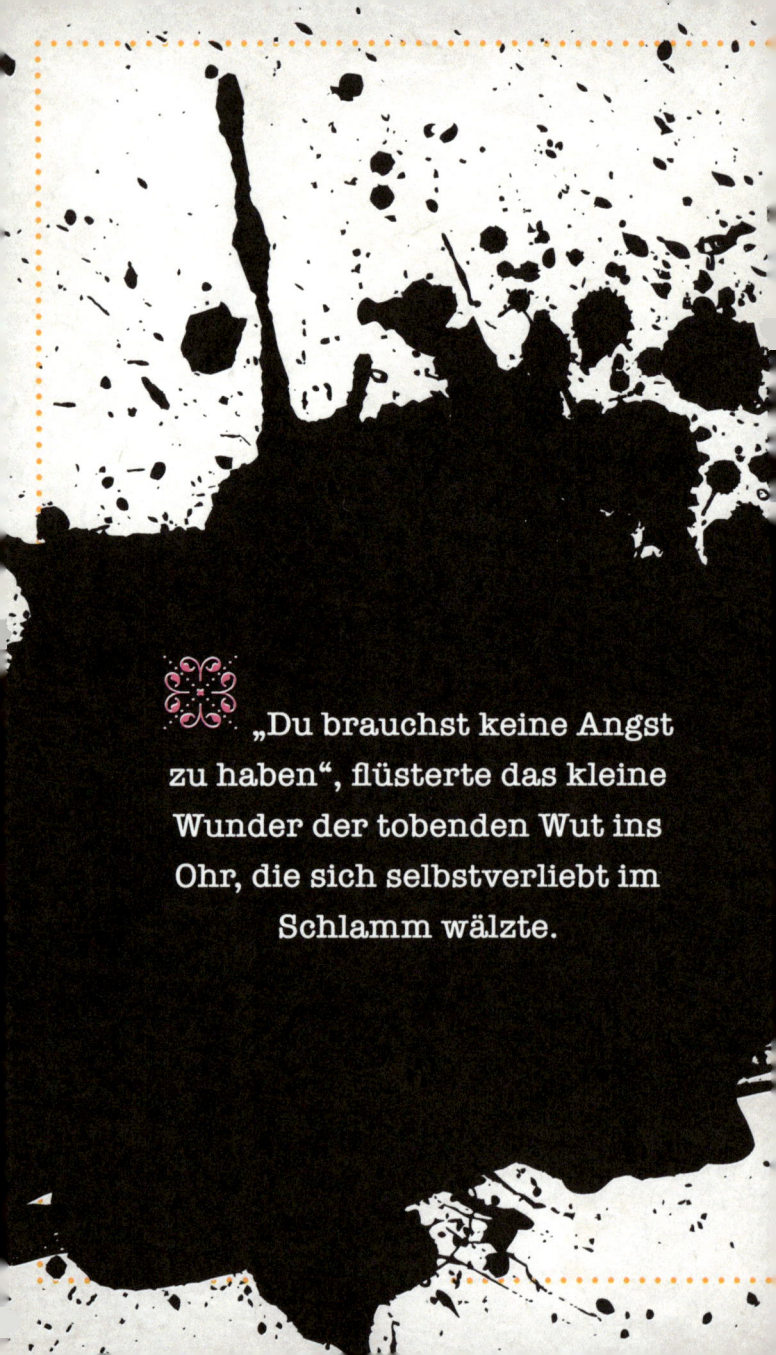

„Du brauchst keine Angst zu haben", flüsterte das kleine Wunder der tobenden Wut ins Ohr, die sich selbstverliebt im Schlamm wälzte.

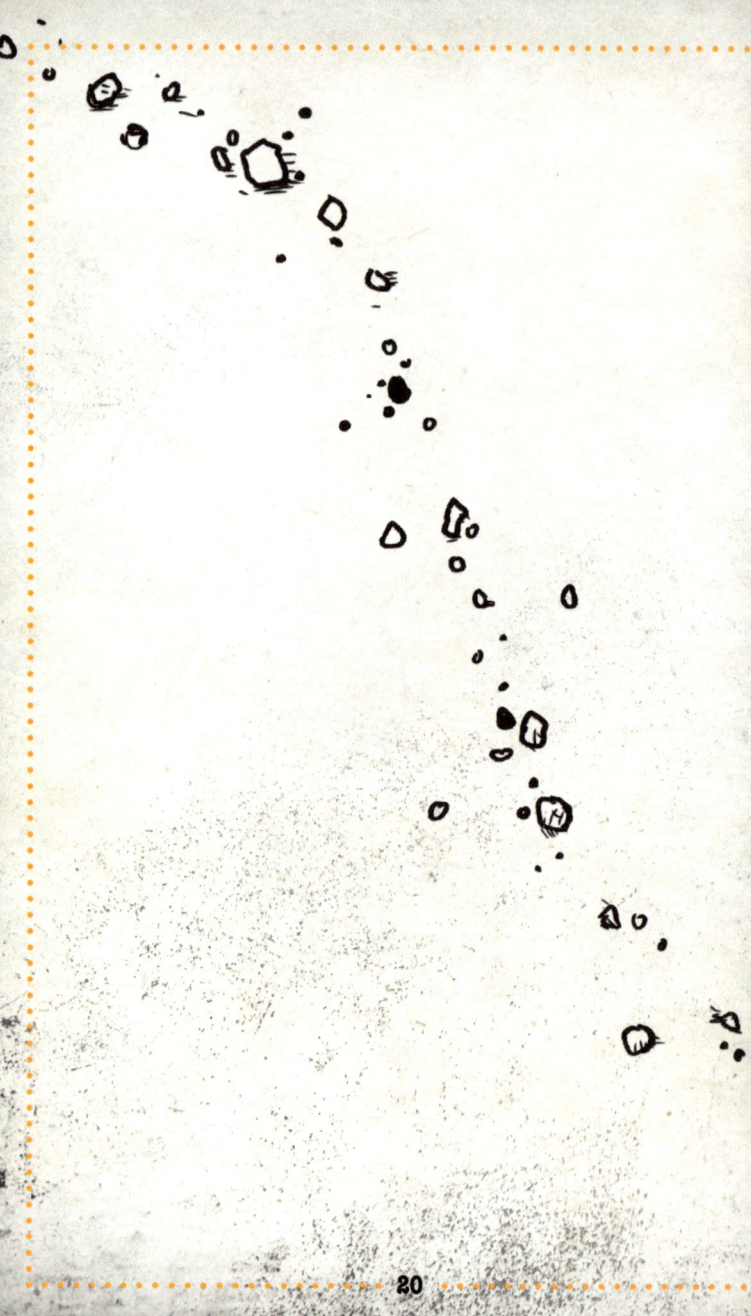

„Hast du die Kekse der Friedlichkeit eingepackt?", fragte das kleine Wunder den grummeligen Groll, der unübersehbar Kekskrümelspuren und ein schlechtes Gewissen hinter sich herzog.

„Du bist so wundervoll grollig und einzigartig", sagte das kleine Wunder zum grummeligen Groll, der wieder einmal Fragezeichen in seine modrige Holztruhe schnitze.

„Ich denke mit dem Herzen.
Da sind dann weniger Gedanken
im Kopf. Es macht leicht und
frei. Ja, das ist viel besser als
jede Diät", jauchzte
das kleine Wunder und
hüpfte freudig davon.

Der grummelige Groll hatte sein
Vertrauen auf der Holztruhe
liegen lassen und irrte umher.

„Das ist nicht so schlimm.
Vertraue deinem Herzen", sagte
das kleine Wunder und tanzte
fröhlich auf seiner Knollnase.
Kleine Wunder sind überall. Man
muss nur die Augen
schließen und das Herz ganz

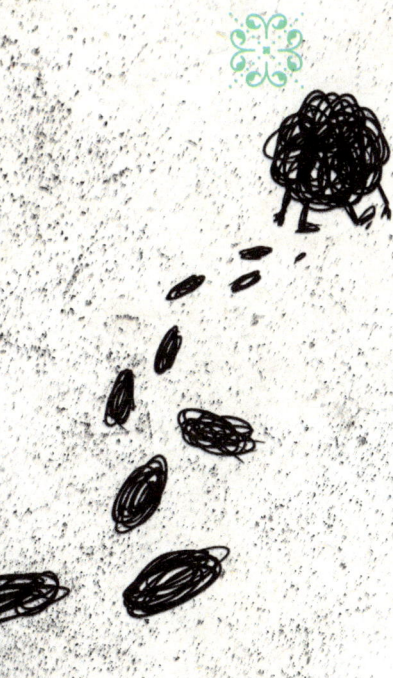

weit machen. Dann sieht man
sie, diese kleinen Wunder,
wenn sie tagsüber um die Ecken
huschen und nachts an unseren
Betten sitzen.

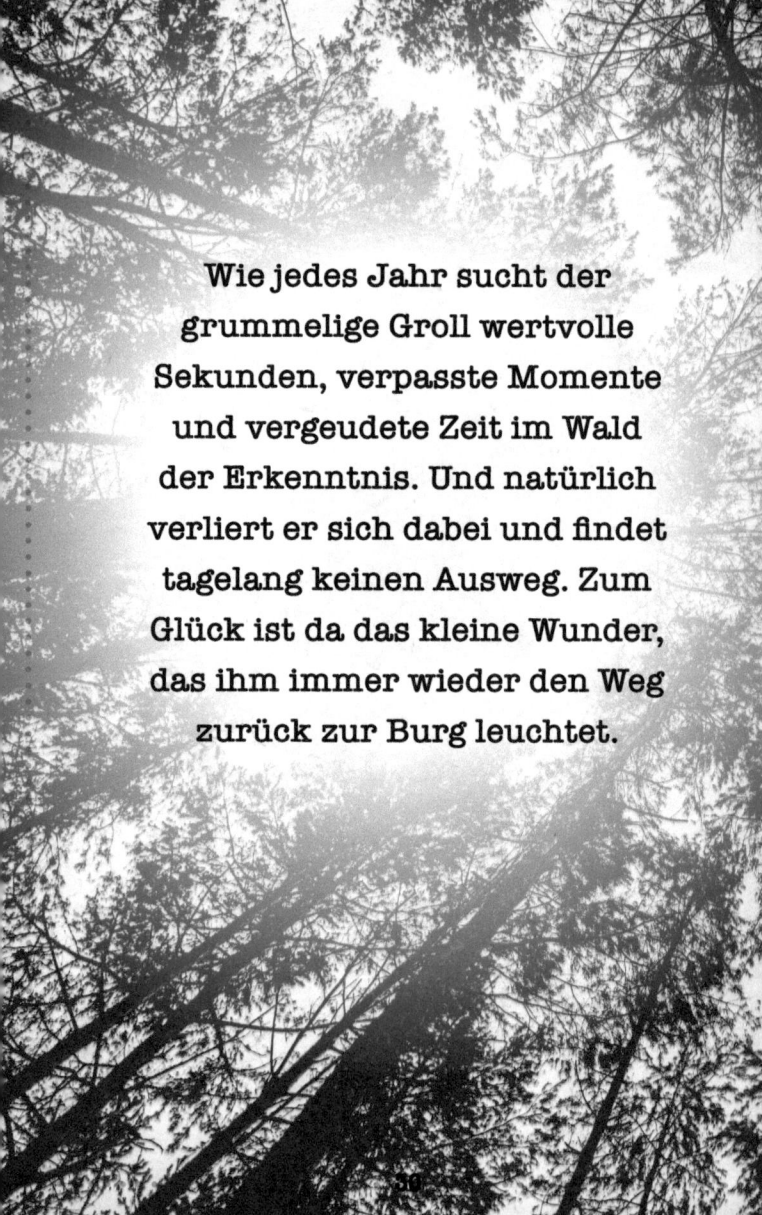

Wie jedes Jahr sucht der grummelige Groll wertvolle Sekunden, verpasste Momente und vergeudete Zeit im Wald der Erkenntnis. Und natürlich verliert er sich dabei und findet tagelang keinen Ausweg. Zum Glück ist da das kleine Wunder, das ihm immer wieder den Weg zurück zur Burg leuchtet.

„Wo bist du, Groll?", rief das kleine Wunder in den dunklen Zauberwald.

„Ich bin in die Grube der Neugier gefallen", antwortete der grummelige Groll, der ein Glühwürmchen um Hilfe bat.

„Du bist nicht krank, nur ein wenig verstimmt", sagte das kleine Wunder und schüttete Glück und Gesundsterne über den grummeligen Groll, der mit Fieber und roter Knollnase in seiner Holzkiste lag.

„Lass uns die magische Truhe mit den leckeren Keksen der Liebe und Hoffnung wieder öffnen", sagte das kleine Wunder zum grummeligen Groll, während die beiden Hand in Hand durch die Gasse der ewigen Träume liefen.

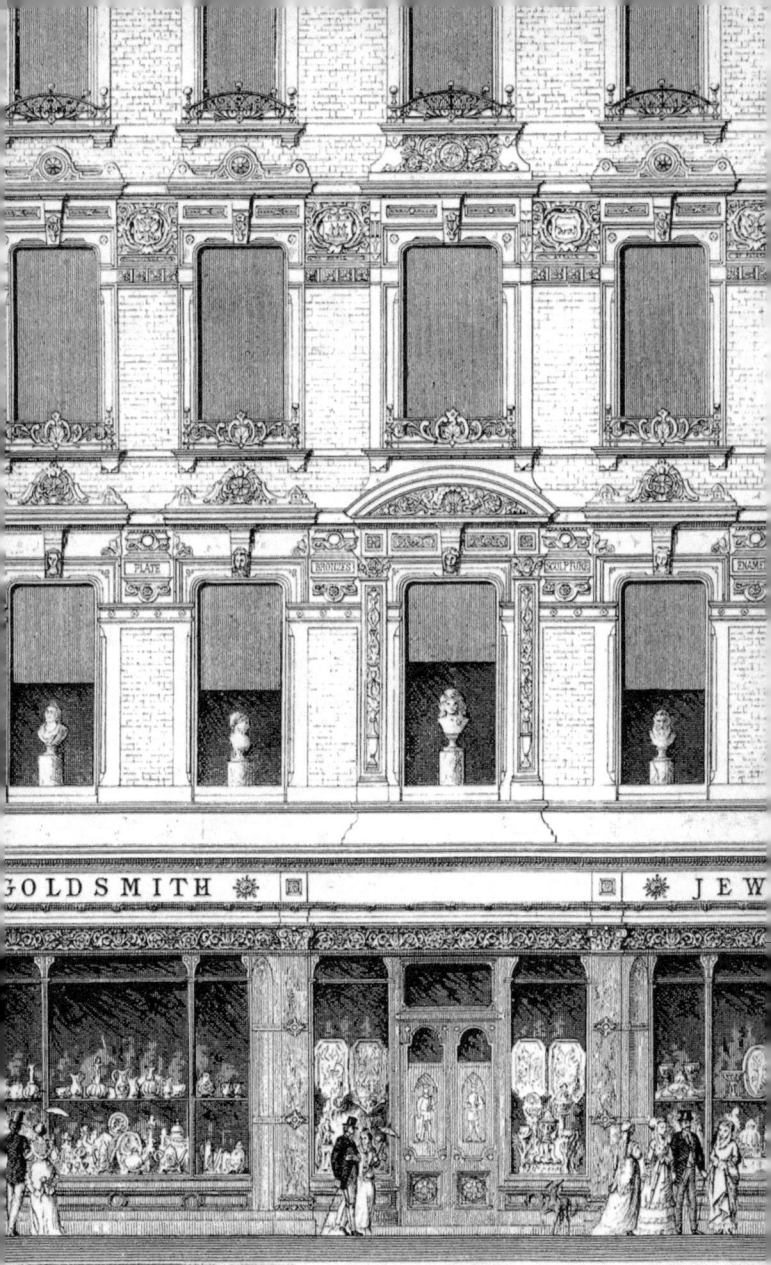

GOLDSMITH JEW

„Ich liebe dich!",
sagte das kleine Wunder
und küsste den Groll.

„Du kannst mich einfach lieb haben. Es ist gar nicht so schwer", sagte das kleine Wunder zum grummeligen Groll, der sich erstaunt an der Nase kratzte.

„Vergiss nicht, dein Vertrauen
einzupacken, wenn du in den
Zauberwald gehst", sagte
das kleine Wunder zum
grummeligen Groll, als dieser
sich kurzum entschloss, die
Weiten des Universums zu
erkunden.

Da ging das kleine Wunder die Gasse der Vernunft entlang und dachte: ‚Mit dieser Vernunft ist es wie mit klebrigem Honig. Zu viel davon verstopft die Poren der Emotionen.' Dann lächelte es still und warf die Vernunft in den rostigen Mülleimer.

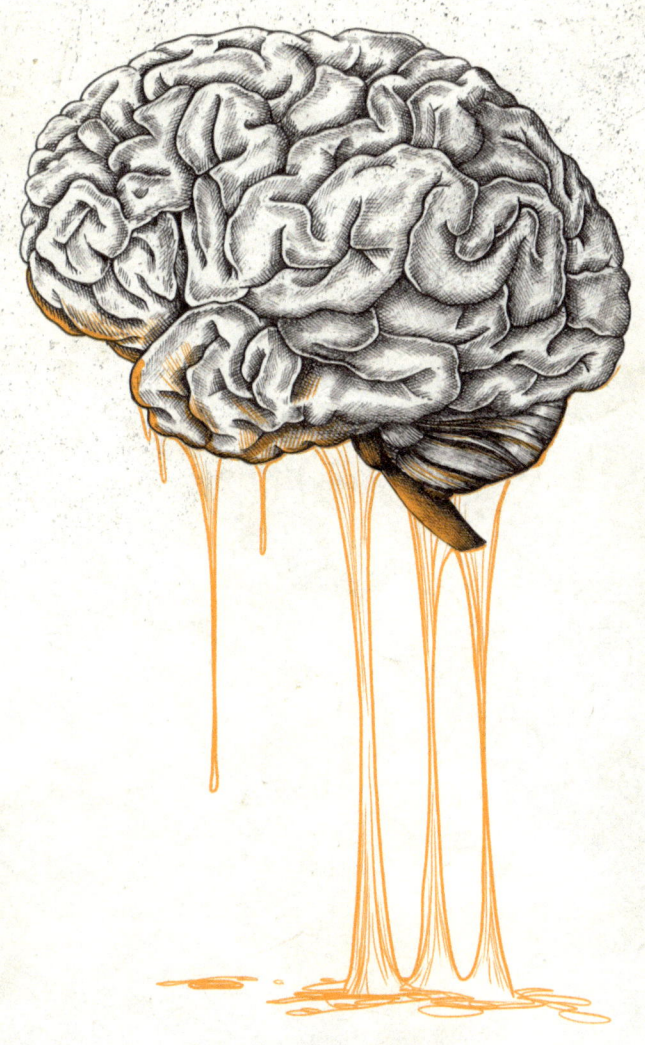

„Du musst das Tor zur Traumkammer öffnen, bevor du den Raum betrittst", flüsterte das kleine Wunder liebevoll zum grummeligen Groll, der verdutzt vor einem holzigen Trümmerhaufen saß.

„Was du einmal liebst, das wirst du immer lieben", sagte das kleine Wunder wortlos im Raum der Möglichkeiten.

„Wollen wir heute Liebe für die
vielen Menschen in die Luft
pusten?", fragte das kleine
Wunder den grummeligen Groll.

„Na gut", antwortete dieser
grummelig und holte eine
Portion Herzlichkeiten aus der
magischen Schachtel.

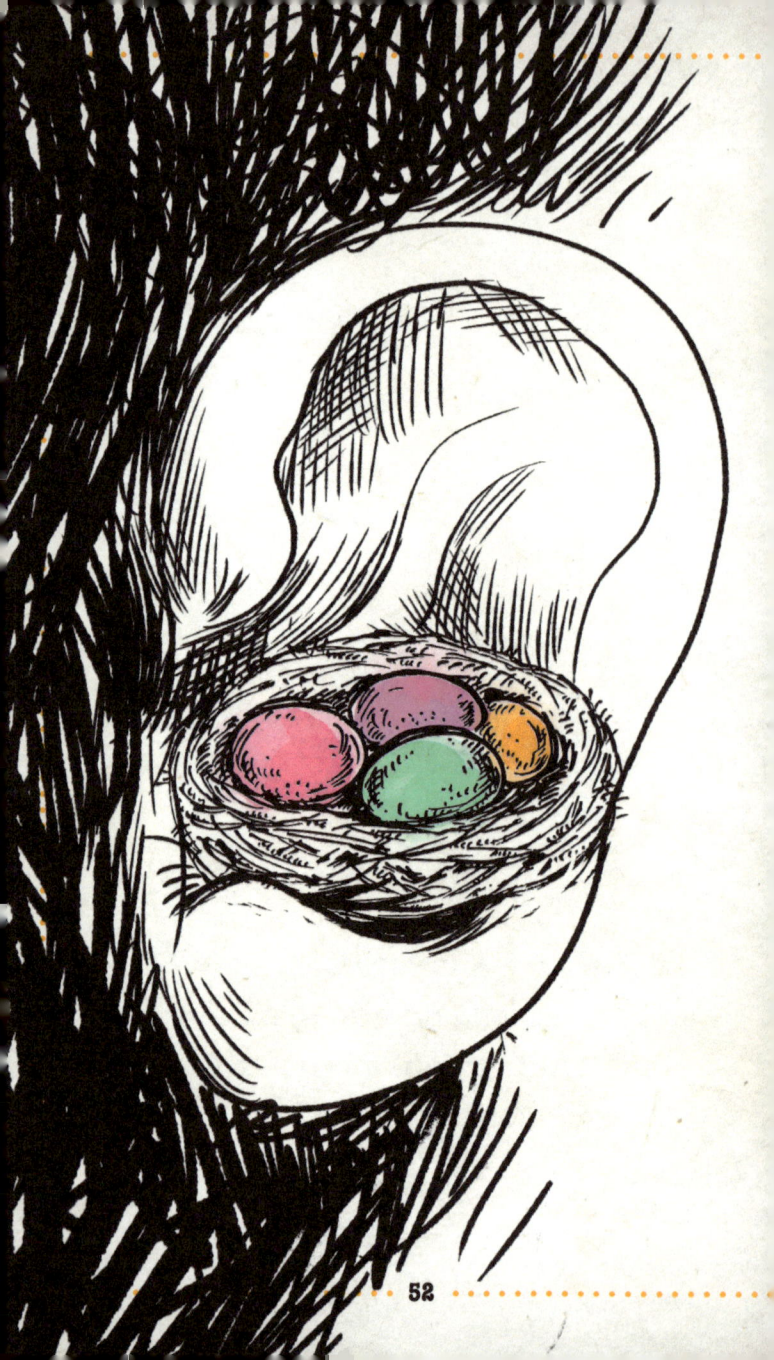

„Frühling ist, wenn du plötzlich viele bunte Eier sehen kannst und sich kleine Vögel in dein Ohr einnisten", sagte das kleine Wunder zum grummeligen Groll und machte sich bereit, den Osterhasen zu besuchen.

Der grummelige Groll nahm das
kleine Wunder mit auf die Insel
der Fröhlichkeit und vergaß,
seine Badehose einzupacken.

„Du kannst im Sand baden
und dir den schönsten
Ozean vorstellen", kicherte
das kleine Wunder und
schlürfte einen eisgekühlten
Entspannungscocktail.

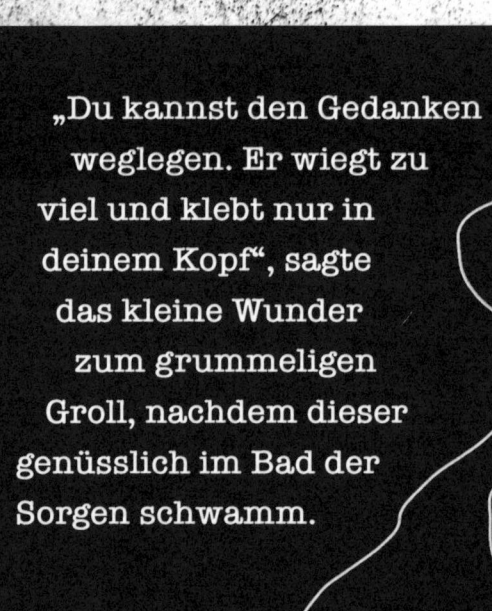

„Du kannst den Gedanken weglegen. Er wiegt zu viel und klebt nur in deinem Kopf", sagte das kleine Wunder zum grummeligen Groll, nachdem dieser genüsslich im Bad der Sorgen schwamm.

Der grummelige Groll dachte
über sich selbst nach und
erschrak, als plötzlich ein Quant
Liebe an ihm vorbeihuschte.

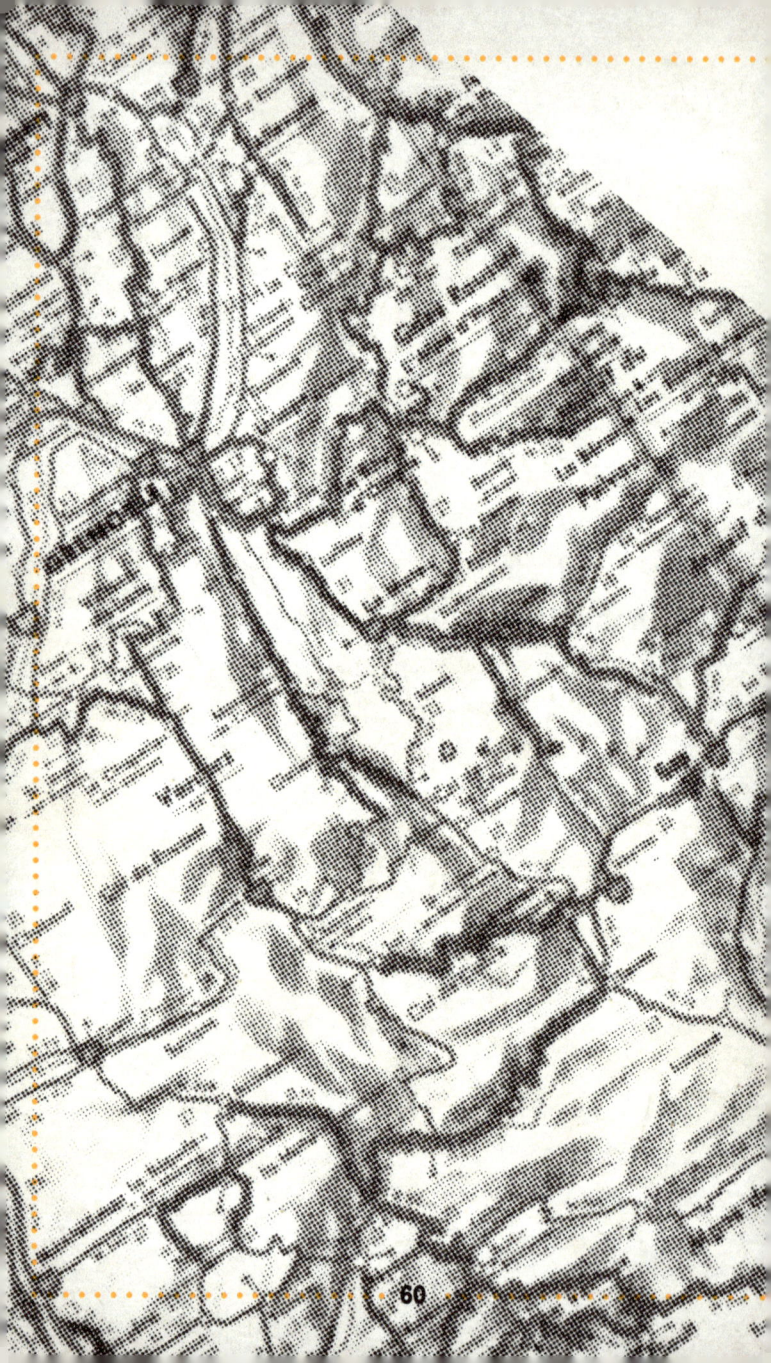

Natürlich hat sich der
grummelige Groll wieder einmal
im Wald verlaufen. Wie kann
es auch anders sein, wenn
er seine Orientierung
zu Hause liegen
lässt.

Das kleine Wunder braucht keine großen Erklärungen. Es ist mit ein wenig Liebe sehr zufrieden.

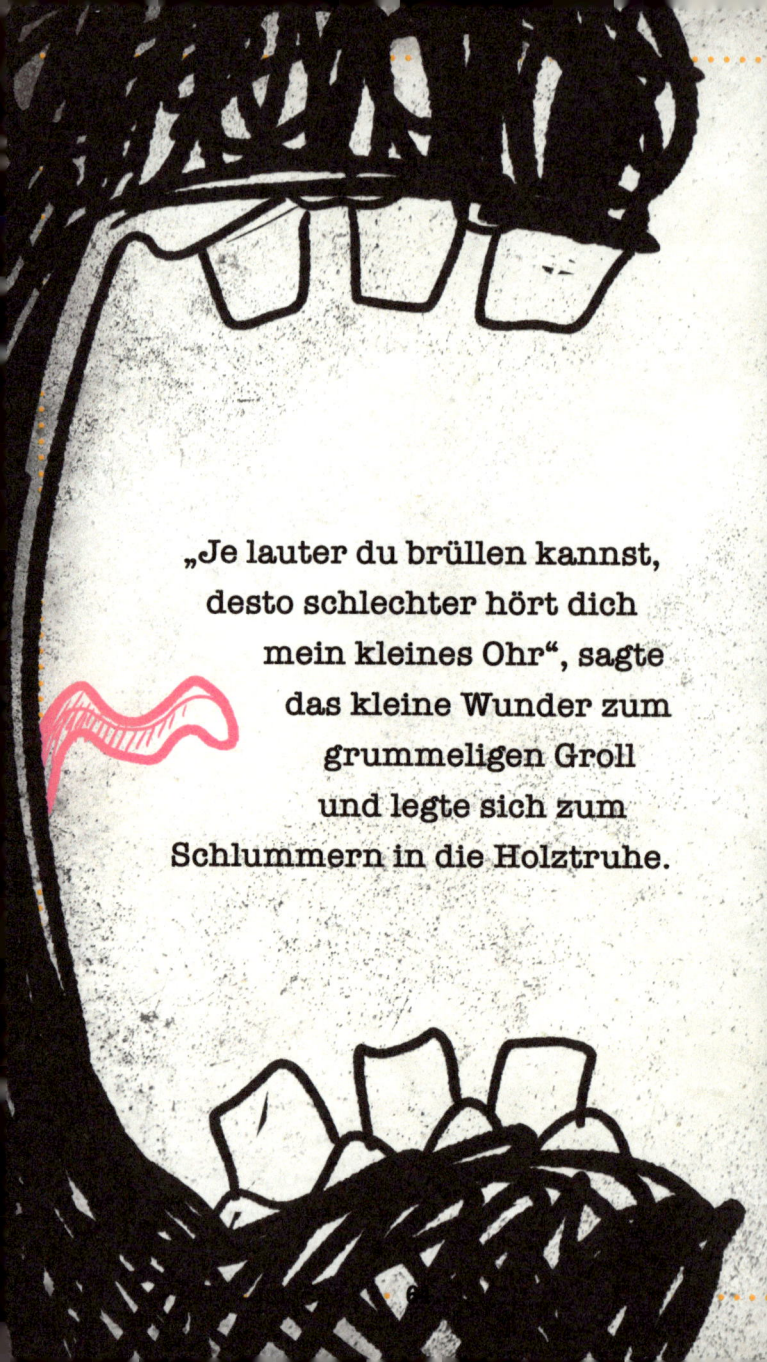

„Je lauter du brüllen kannst,
desto schlechter hört dich
mein kleines Ohr", sagte
das kleine Wunder zum
grummeligen Groll
und legte sich zum
Schlummern in die Holztruhe.

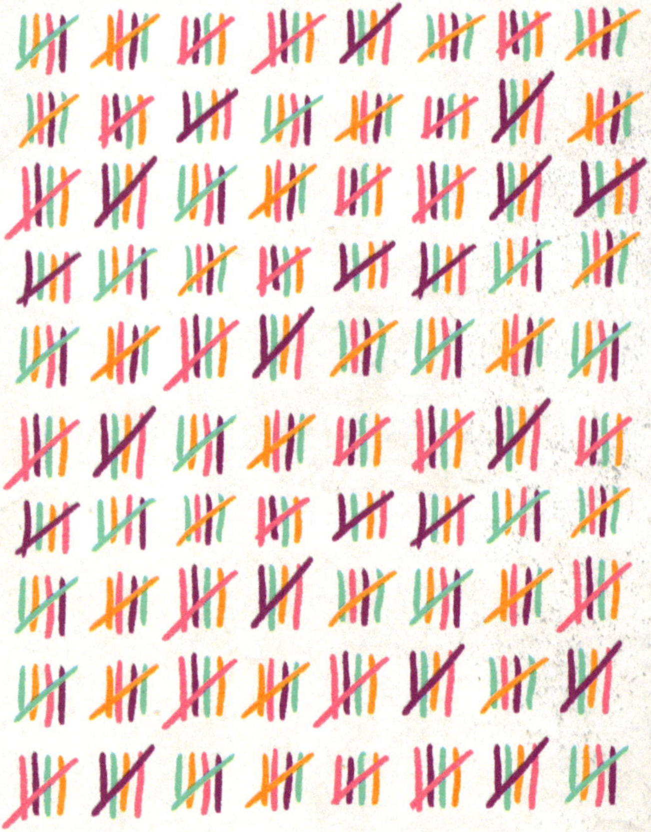

„Schau nur, was für ein großes
Herz du hast. Damit kannst
du jeden Tag 400 gute Taten
vollbringen", sagte das kleine
Wunder zum grummeligen Groll,
der seit über 370 Jahren sein
Unwesen treibt.

„Der Groll hat sich im Wald verirrt, weil er sein Bauchgefühl zu Hause vergessen hat", rief das kleine Wunder durch den Geistersaal der Zauberburg.

„Hier hast du ein Stück
Herzklopfen, das hilft gegen
das Grummeln und Grollen.
Und es schmeckt ganz
wunderlich gut", wimmerte
das kleine Wunder und stopfte
dem Groll einen leeren Löffel in
seinen großen Mund.

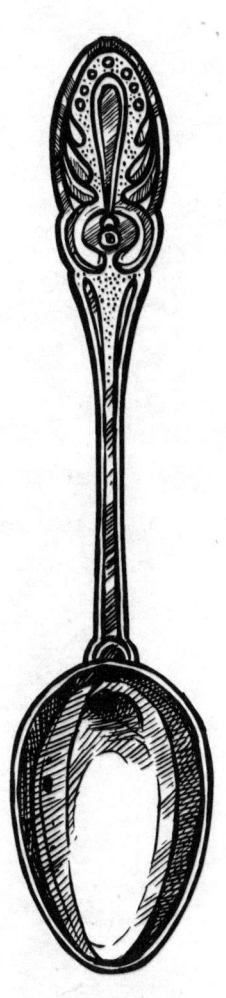

„Hallo", sagte das kleine Wunder
und pustete Liebe in die Luft.

„Lass uns in den magischen
Zauberwald gehen und ein
schönes Glück sammeln für
die vielen elfundzwanzig
Zaubermenschen", jauchzte
das kleine Wunder dem
grummeligen Groll frohen
Sinnes in sein zotteliges Fell.

„Wenn du mit den Sternen
reden willst, musst du ein
helles Licht auf deinen Kopf
stellen. Dann gehörst du
zur Sternenfamilie", sagte
das kleine Wunder dem
grummeligen Groll, der
verdutzt in den dunklen
Abendhimmel blickte.

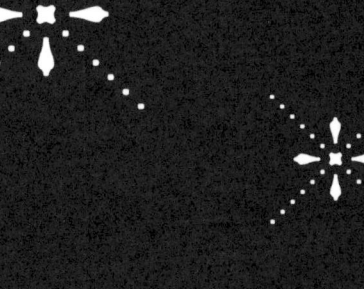

„Grummel ruhig, das ist gesund und lässt Luft aus deinem Kopf. Nicht, dass du versehentlich platzt wie ein aufgeblähter Hefezopf", kicherte das kleine Wunder und legte sich müde und zufrieden über Grolls flauschige Knollnase.

„Jetzt siehst du so hübsch
gemütlich aus. Wie der Herbst
und auch wie das Wundervolle.
Ich hab' dich lieb", jauchzte
das kleine Wunder und drückte
den grummeligen Groll, der
erstaunte Augen machte.

Der grummelige Groll
stammelte: „Wenn diese Liebe im
Herzen wohnt, wo ist denn dann
der doofe Eingang?"

Da grinste das kleine Wunder
und sagte: „Zwischen deinen
Lippen, lieber Groll. Wenn sich
deine Worte formen, öffnet sich
die kleine Tür."

„Wusstest du, dass Wunder immer dann geschehen, wenn ein Wunsch von den Wolken zur Erde springt?", sagte das kleine Wunder erstaunt und streckte seine Arme in den Himmel.

„Wenn man sich selbst nicht so ernst nimmt, ist das ein schönes Glück", sprach das kleine Wunder und dekorierte den grummeligen Groll herbstlich bunt.

„Es ist wie ein Spuk. Wenn du grummelst und wütend bist, schmilzt es irgendwann weg wie Schnee", sagte das kleine Wunder zum grummeligen Groll, der sich seit elf Stunden im Kreis drehte.

„Im Herbst werden wir wieder viele bunte Blätter sammeln und daraus neue Welten zaubern", sagte das kleine Wunder zum grummeligen Groll, der diesen Spuk für Humbug hielt.

Grummelnd schaute der Goll in die leere Teekanne, welche das kleine Wunder mit einer Prise Gemütlichkeit, etwas Mut und feinem Herbstzauber füllte.

„Guten Appetit!", sagte das kleine Wunder und huschte um die Ecke.

„Ja, du bekommst auch etwas vom Nikolaus. Er ist bestimmt schon unterwegs", flüsterte das kleine Wunder dem grummeligen Groll ins Ohr, der seit 22 Stunden sehnlichst mit einem kleinen Glöckchen bimmelte.

„Die Adventszeit ist dafür da,
dass wir alle unsere kleinen
Herzen zu einem ganz großen
Herzen zusammenzaubern",
sagte das kleine Wunder
zum grummeligen Groll und
knabberte genüsslich an einem
uralten Zimtstern.

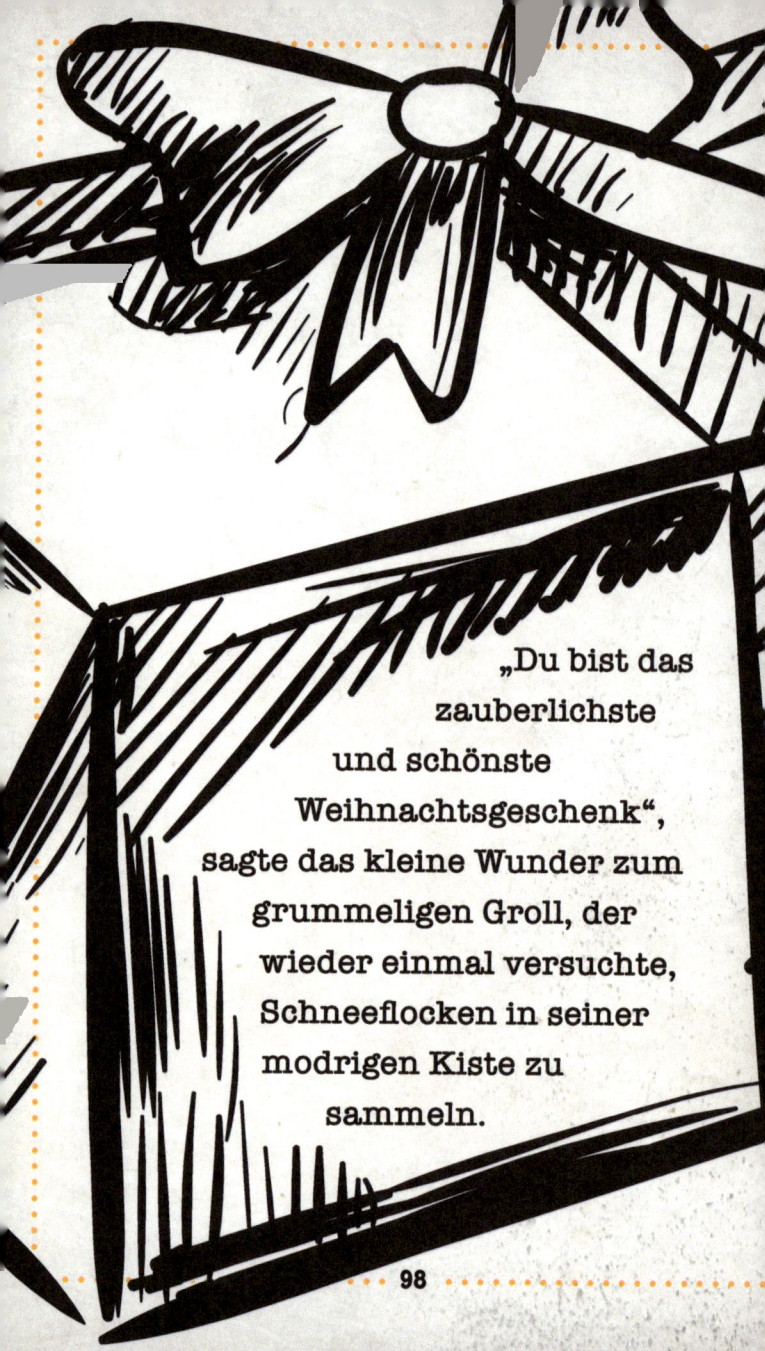

„Du bist das zauberlichste und schönste Weihnachtsgeschenk", sagte das kleine Wunder zum grummeligen Groll, der wieder einmal versuchte, Schneeflocken in seiner modrigen Kiste zu sammeln.

„Wir besorgen dir ein Stück
Vertrauen. Das gibt es
schön verpackt im Dorf der
Vielseitigkeit", sagte das kleine
Wunder zum grummeligen
Groll, als dieser sich wieder
einmal nicht in die Kammer der
immerwährenden Liebe traute.

„Träumer und Erfinder gab es immer schon. Heute brauchen wir viel mehr davon", sprach das kleine Wunder und legte sich in den frisch gebackenen Apfelstrudel.

„Die Menschen flüstern,
Süßlichkeiten machen
glücklich", sagte das kleine
Wunder und sprang mit dem
grummeligen Groll in die
weihnachtliche Glühwein-
Schokoladentorte.

Der grummelige Groll schrieb
dem Weihnachtsmann, er solle
ihn zu Ostern auf keinen Fall
vergessen.
Da zauberte das kleine Wunder
heimlich alte Zimtsterne in
seine modrige Holzkiste.

„Danke, Herr Hase", grummelte
er erstaunt über sich selbst.

„Die Menschenkinder feiern
heute Silvester. So nennen sie
das Fest, wenn sich die Zeiger
der Uhren zur Geisterstunde
treffen", sagte das kleine
Wunder zum grummeligen Groll,
der sich alten Staub aus seiner
Nase kratzte.

„Wir brauchen zu Silvester
keine Raketen", sagte das kleine
Wunder zum grummeligen Groll.

„Lass uns Liebe und Freude in
die Luft pusten, das ist doch
112-fach schöner."

„Und wenn alle Menschen auf
der Erde ein Schokostäbchen
in den Himmel halten würden,
wären wir ein fliegender Igel im
Universum", sagte das kleine
Wunder.

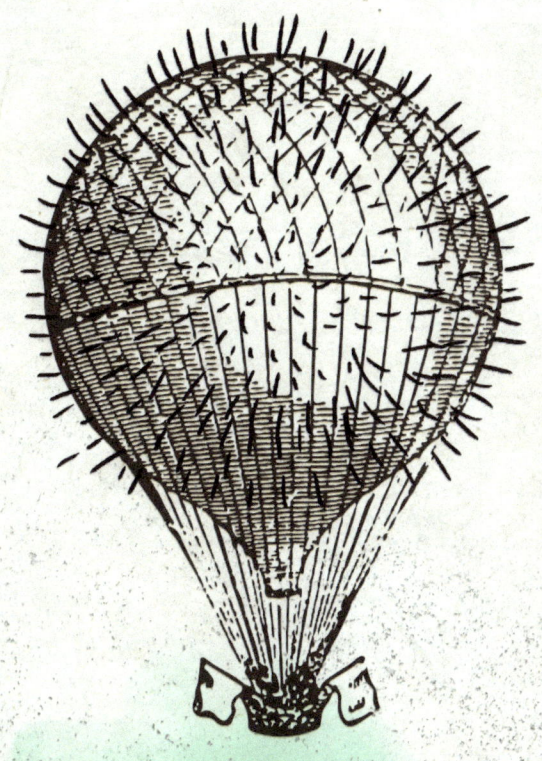

„Wuhuuuu!"

„Lieber Mond, bitte lass deine Zaubersterne im Himmel ganz hell leuchten", summte das kleine Wunder und knipste mit müden Augen das Licht aus.

Nachwort

Und wenn ihr jetzt immer noch nicht an Wunder glaubt, dann haltet für einen Moment inne. Schließt die Augen, atmet tief ein und lauscht. Vielleicht spürt ihr das kleine Wunder schon längst, wie es auf eurer Nasenspitze balanciert, leise kichert und darauf wartet, entdeckt zu werden.

Manchmal genügt ein kleines Lächeln, eine warmherzige Umarmung oder ein Funke Hoffnung, um das Unsichtbare sichtbar zu machen. Die Wunder sind da, genau hier, genau jetzt.

Seid gegrüßt,
euer Groll